1 001 choses de fée à trouver

Gillian Doherty
Illustrations : Teri Gower

Maquette : Teri Gower et Doriana Berkovic
Rédaction : Anna Milbourne

Pour l'édition française :
Traduction : Véronique Duran
Rédaction : Renée Chaspoul et Charlotte Blann

Sommaire

3 Choses à chercher
4 Le festin des fées
6 La cascade enchantée
8 La danse sous la lune
10 L'école des fées
12 Le marché magique
14 Le jardin secret
16 Le palais des fées
18 Les fées du logis
20 Les fées de l'arc-en-ciel
22 Les fées des bois
24 La féerie souterraine
26 L'atelier des fées
28 Le bal de la reine des neiges
30 Les charmes de la fée Iris
32 Réponses

Choses à chercher

Bienvenue dans l'univers magique des fées. Ici, tout peut arriver... et souvent, cela arrive ! Amuse-toi à trouver et à compter dans chaque scène du livre une foule de choses surprenantes et extraordinaires. Il y en a 1 001 en tout à découvrir !

Chaque petite image montre ce que tu dois chercher dans la grande image.

Le chiffre rose t'indique le nombre de choses à trouver.

La fée Iris explore le royaume des fées pour la première fois. Que de secrets à découvrir ! Amuse-toi à la retrouver dans chaque scène.

Le festin des fées

10 feuilles plateaux

9 bols de chamallows

10 souris en sucre

9 tartes aux myrtilles

8 nœuds jaunes

7 guirlandes de papier

10 boissons à la fraise

9 brioches de fée

1 gobelin glouton

8 assiettes de biscuits étoilés

La cascade enchantée

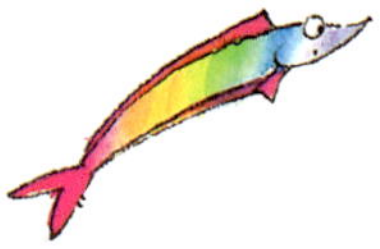

10 poissons arc-en-ciel

8 grenouilles jaunes

5 fées dans un hamac

9 poissons volants

10 émeraudes

2 martins-pêcheurs

3 fées qui se font un shampoing

5 miroirs

7 coffres au trésor

6 elfes plongeurs

La danse sous la lune

7 étoiles filantes

10 lapins blancs

6 lutins sur des champignons

1 pleine lune

9 fées aux ailes pailletées

10 lanternes clochettes

2 harfangs des neiges

8 vers luisants

1 licorne

2 ballerines dorées

L'école des fées

7 fées volantes

6 plumes pour écrire

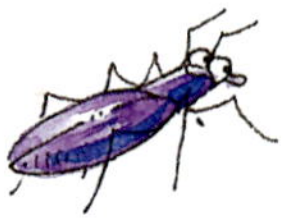

10 scarabées violets

3 carrosses citrouilles

8 livres de sorts

10 baguettes magiques

9 souris blanches

5 princes grenouilles

1 bébé dragon

8 escargots roses

Le marché magique

10 bocaux de baisers

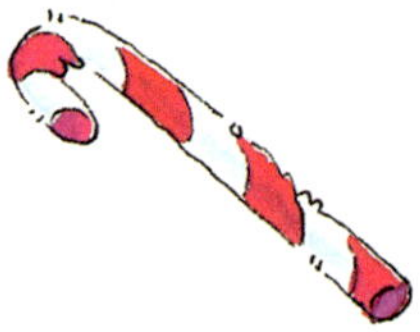

9 sucres d'orge

7 parapluies à pétales

8 lampes magiques

7 chaudrons arc-en-ciel

8 parchemins magiques

4 tapis volants

10 vers de bibliothèque

9 chapeaux de magicien

10 boîtes de souhaits

Le jardin secret

6 fées fleurs roses

10 aigrettes de pissenlit

4 fées qui s'aspergent

9 libellules

5 guirlandes de fleurs

9 papillons jaunes

8 chenilles à rayures

10 campanules

7 fées fleurs jaunes

8 elfes sur un escargot

Le palais des fées

10 poissons à rayures

7 tortues à pois

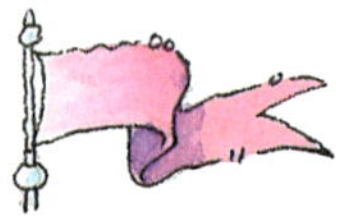

10 drapeaux roses

8 sirènes

7 bateaux à voile

8 barques

10 chevaux ailés

9 elfes archers

6 perles

8 gardes gobelins

Les fées du logis

8 chaussettes à rayures

6 chaussettes à pois

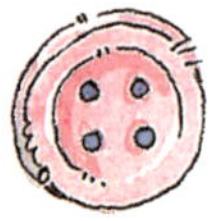

10 boutons roses

1 chat endormi

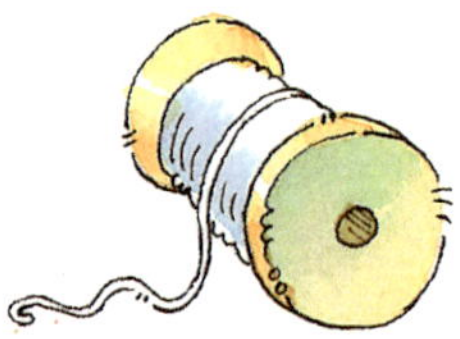

10 bobines de fil

9 épingles bleues

7 fées couturières

9 boutons étoiles

5 fées bondissantes

7 robes en toile d'araignée

Les fées de l'arc-en-ciel

10 pinceaux brosses

8 nuages

7 pots de peinture arc-en-ciel

9 oiseaux bleus

10 vaches couchées

1 farfadet

8 parapluies rayés

9 lutins sur une alouette

1 pot de pièces d'or

10 chapeaux de cheminées

Les fées des bois

2 écureuils roux

5 lutins sur une échelle

9 papillons de nuit

10 fenêtres rondes

3 loirs endormis

3 pics

6 fées sur une balançoire

9 portes d'entrée

10 fées coiffées d'un gland

8 fées en parachute

La féerie souterraine

9 bougies

7 billes

3 journaux de fée

9 cubes de construction

8 plumeaux

6 bébés fées

4 crêpes magiques

1 lapin rose

10 lettres volantes

2 fées de neige

L'atelier des fées

4 elfes avec une boîte rouge

6 ballons bleus

10 nœuds à pois

7 petits trains

9 marteaux magiques

10 ballons rayés

1 clown à ressort

3 fées au travail

7 bourses de poudre étoilée

8 nounours

Le bal de la reine des neiges

7 fées peluches

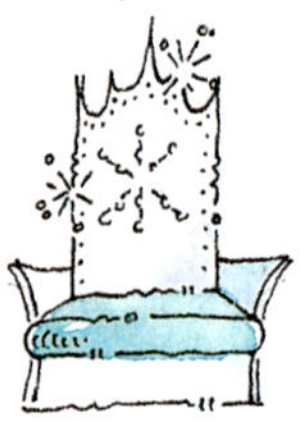

3 trônes de glace

9 gobelets de sirop magique

10 boules de neige

3 couronnes dorées

2 coupes en or

8 moufles rouges

10 fées patineuses

1 chandelier de cristal

7 lièvres des neiges

Les charmes de la fée Iris

La fée Iris s'apprête à rentrer à l'école des fées. Elle a besoin de toutes sortes de choses curieuses pour ses cours de magie. Peux-tu l'aider à les trouver ? Elles se cachent dans toutes les pages de ce livre.

9 bouteilles de potion magique

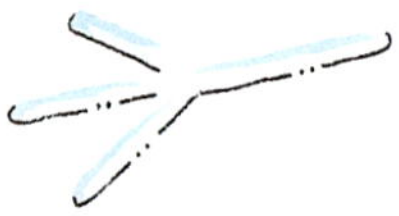

10 empreintes d'oiseaux

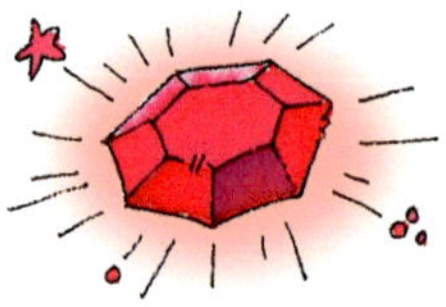

3 rubis

2 cerfs-volants

1 harpe de glace

9 pots de miel

10 chauves-souris

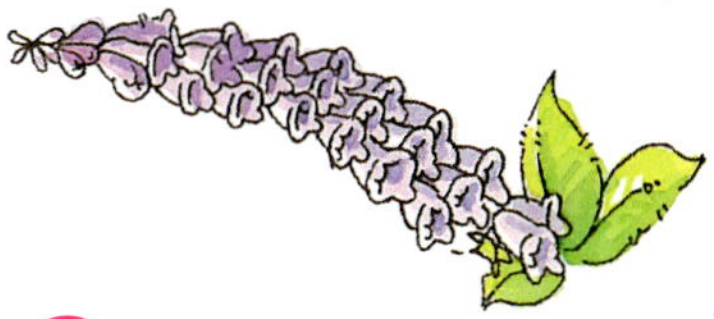

9 digitales

2 crapauds

10 seaux d'eau de pluie

4 araignées

5 nids d'oiseaux

10 flèches magiques

Réponses

As-tu trouvé toutes les choses dont la fée Iris a besoin pour son cours de magie ? Elles se cachent aux page suivantes :

9 bouteilles de potion magique :
Le marché magique
(pages 12-13)

10 empreintes d'oiseaux :
La féerie souterraine
(pages 24-25)

3 rubis :
La cascade enchantée
(pages 6-7)

2 cerfs-volants :
L'atelier des fées
(pages 26-27)

1 harpe de glace :
Le bal de la reine des neiges
(pages 28-29)

9 pots de miel :
Le festin des fées
(pages 4-5)

10 chauves-souris :
La danse sous la lune
(pages 8-9)

9 digitales :
Le jardin secret
(pages 14-15)

2 crapauds :
L'école des fées
(pages 10-11)

10 seaux d'eau de pluie :
Les fées de l'arc-en-ciel
(pages 20-21)

4 araignées :
Les fées du logis
(pages 18-19)

5 nids d'oiseaux :
Les fées des bois
(pages 22-23)

10 flèches magiques :
Le palais des fées
(pages 16-17)